Dieses Buch gehört:

D1727523

Das erste Buch

Kinder aus dem Landkreis
Groß-Gerau schreiben und
malen für Kinder

Carl Schünemann Verlag

© Carl Ed. Schünemann KG, Bremen

Nachdruck sowie jede Form der elektronischen Nutzung
– auch auszugsweise – nur mit Genehmigung des Verlages.

Herausgeber für ‚Das erste Buch e.V.':
Marco Bode · Dr. Helmut Hafner · Andreas Kottisch · E. Servet Mutlu ·
Albert Schmitt · Hermann Schünemann · Christian Seidenstücker ·
Bülent Uzuner

Buchidee: Bülent Uzuner · Dr. Helmut Hafner

Buchkonzept: planetmutlu · Carl Ed. Schünemann KG

Printed in EU 2018 · ISBN 978-3-7961-1038-2

www.daserstebuch.de

Liebes Schulkind,

‚Das erste Buch' ist vielleicht gar nicht dein erstes Buch. Es ist aber in jedem Fall ein besonderes Buch und ein Geschenk für dich.

Über 500 Kinder und viele Lehrerinnen und Lehrer haben an diesem Buch mitgearbeitet.

Die Schülerinnen und Schüler der dritten Klassen haben lustige und spannende Geschichten erfunden und sie aufgeschrieben. Sie haben viele bunte Bilder dazu gemalt.

In deinem Buch findest du zu jedem Buchstaben eine Geschichte und immer ein Bild dazu.

Viel Freude beim Lesen- und Schreibenlernen, viel Spaß in der Schule

wünscht dir

Der Verein ‚Das erste Buch e.V.'

Das erste Buch
Deutsch

كتاب اول
Persisch

Il primo libro
Italienisch

İlk Kitap
Türkisch

Prva knjiga
Kroatisch

الكتاب الأول
Arabisch

El primer libro
Spanisch

Первая книга
Russisch

Το πρώτο βιβλίο
Griechisch

Prva knjiga
Bosnisch

Le premier livre
Französisch

Pierwsza książka
Polnisch

The first book
Englisch

Prva knjiga
Serbisch

O primeiro livro
Portugiesisch

Aa	Bb	Cc	
Dd	Ee	Ff	Gg
Hh	Ii	Jj	Kk
Ll	Mm	Nn	Oo
Pp	Qq	Rr	Ss
Tt	Uu	Vv	Ww
Xx	Yy	Zz	
Ää	Öö	Üü	ß

Abenteuer

Abenteuer im Europapark

Alex, Lea, Philip und Malena gehen in den Europapark. Sie gehen auf den Silverstar. Sie stehen eine Stunde an. Sie haben Spaß. Nach dem Silverstar gehen sie ans Wasser. Philip fällt ins Wasser und alle lachen. Lea will Philip helfen, aber da fällt sie auch rein! Dann holen Malena und Alex die beiden aus dem Wasser. Danach gehen sie in eine Wasserachterbahn, in der sie alle klatschnass werden!

Sie gehen noch in andere Achterbahnen und bleiben bis 20 Uhr. Dann fahren sie nach Hause und schlafen alle bei Lea. Aber sie reden noch über den Tag und was sie toll fanden. Dann gehen sie um 22 Uhr ins Bett. Sie schlafen bis 9 Uhr, dann frühstücken sie und wollen unbedingt nochmal in den Europapark. Die Mutter sagt jedoch: „Nein!" Sie spielen bis 18 Uhr und dann geht jeder nach Hause.

Chelsy Radzom, Klasse 3b, Erich-Kästner-Schule Büttelborn

← Bojan Dzigurski, Klasse 3b, Erich-Kästner-Schule Büttelborn

Elif Kaydi, Klasse 3b, Erich-Kästner-Schule Büttelborn

Aa

Buch

Das magische Zauberbuch

An einem sonnigen Tag lag Torben unter seinem Lieblingsbaum im Garten. Er schaute umher. Plötzlich entdeckte er etwas im Gebüsch. Neugierig ging er zu der Stelle. Tatsächlich lag dort ein großes Buch. Es hieß: „Das magische Zauberbuch." Sofort musste Torben das Buch öffnen, denn er wollte ja wissen, was das für ein Buch war! Gespannt schlug er die erste Seite auf. Dort stand: „Wer dieses Buch findet und es sorgsam behandelt, dem wird es immer gute Dienste erweisen. Du darfst aber niemandem von dem Buch erzählen." Beim nächsten Fußballtraining lief es für Torben gar nicht gut. Alles ging schief. Er traf den Ball nicht, die anderen waren alle schneller als er. Da erinnerte er sich an das Buch. Jetzt war genau der richtige Zeitpunkt dafür, es auszuprobieren. Torben wünschte sich, ein richtig guter Fußballspieler zu sein. Und siehe da, von nun an klappte alles wunderbar und Torben wurde der Held seiner Mannschaft! Aber das Geheimnis hat er bis heute für sich behalten.

Torben Passler, Klasse 3b, GS Worfelden

← Oliver Heil, Klasse 3b, GS Worfelden

Nina Neumann, Klasse 3b, GS Worfelden

Tor! 3:3

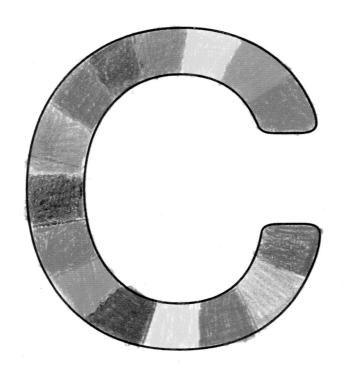

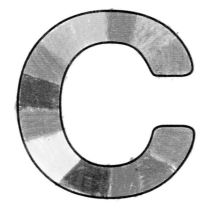

Chaos

Chaos bei Elisabeth

Es war ein ganz normaler Morgen, als das Chaos anfing. Als Papa mich zur Schule fahren wollte, waren alle Ampeln an der Kreuzung rot. Niemand wusste, was mit den Verkehrsampeln los war. Die Polizisten glaubten an einen technischen Fehler. Ich wusste aber ganz genau, wer das Chaos veranstaltet hatte. Das war bestimmt meine Freundin, die Hexe Elisabeth, die öfter etwas falsch machte. Ich rannte zu Elisabeth. Als ich bei ihr ankam, meinte sie nur: „Hab ich wieder was falsch gezaubert?" Ich erzählte ihr, dass alle Ampeln rot waren und fragte sie, ob sie den Zauber rückgängig machen könne. „Wahrscheinlich schon – aber meine Mama hat mir verboten zu zaubern. Aber wenn ich ihr erzähle, was los ist, wird sie sicher das Hexverbot aufheben. Aber du musst dich verstecken, weil meine Mama keine Menschen mag." Dann kam Elisabeths Mama. Elisabeth redete mit ihrer Mutter. Die verstand sofort, was los war, schwenkte ihren Zauberstab und murmelte: „Ene mene Zahl, Ampeln wieder normal, hex hex!" Nun waren alle Ampeln und der Verkehr wieder normal. „Zum Glück!", dachte ich.

Luise Weller und Sandrine Wilfert, Klasse 3b, Pestalozzischule Büttelborn

← Azka Waraich, Klasse 3b, Pestalozzischule Büttelborn

Ene Mene Zah!
Ampeln wieder
normal, Hex He

Luise Weller und Sandrine Wilfert, Klasse 3b, Pestalozzischule Büttelborn

"„Zum Glück"

Dinosaurier

Paul und die Zeitmaschine

Paul hat sich mit seinen Freunden Tim und Lea vor dem Museum verabredet. Sie wollen sich die neue Zeitmaschine anschauen. Tim und Lea sind erstaunt, dass sie so modern ist. Tim will ein Selfie machen und lehnt sich an die Zeitmaschine. Aber hoppla! Die Zeitmaschine macht Geräusche und ein Wachmann kommt näher. „Schnell in die Zeitmaschine", sagt Paul. „Bist du verrückt?", flüstert Lea. Sie rennen in die Zeitmaschine. Es rappelt und summt, nach etwa zwei Sekunden ist es vorbei. Paul öffnet vorsichtig die Klappe. Es ist still. Plötzlich hören sie ein gleichmäßiges Stampfen. Paul klettert vorsichtig aus der Luke. „Ihr könnt nachkommen", sagt Paul zu seinen Freunden. „Toll, jetzt sind wir irgendwo auf der Welt auf einem Baum gelandet." Plötzlich streckt sich ihnen ein riesiger Hals entgegen. „Unglaublich, ein Brachiosaurus", sagen alle auf einmal. Da hören sie ein Gebrüll! Ein T-Rex rennt auf den Brachiosaurus zu. Der kann aber fliehen und die Kinder rennen hinter einen Busch. „Toll", ruft Tim. „Ich habe eine kleine Zeitmaschine gefunden." Sie beamen sich zurück in Museum.

André Peter, Ben Behrens und Lukas van de Maat,
Klasse 3a, Pestalozzischule Büttelborn

← Lukas van de Maat, Klasse 3a, Pestalozzischule Büttelborn

André Peter, Ben Behrens und Lukas van de Maat, Klasse 3a,
Pestalozzischule Büttelborn

Erdbeere

Die hüpfende Erdbeere auf Schatzsuche

Es war einmal eine Erdbeere, die hüpfen konnte. Alle anderen Erdbeeren kullerten nur, weil sie nicht hüpfen konnten. Sie waren ein bisschen neidisch. Eines Tages wollte die Erdbeere eine Flasche Wasser holen und hüpfte in den Keller. Als sie wieder hochhüpfen wollte, fand sie eine alte und zerknitterte Karte. Neugierig hüpfte die Erdbeere zur Karte und faltete sie auf. Das war eine Schatzkarte! Schnell machte sie sich auf die Suche. Sie ging nach Norden zum Spielplatz. Sie schaute sich um und fand unter der Rutsche einen Hinweis. Auf dem Hinweis stand: „Gehe nach Osten zum Bahnhof und setze dich auf die Bank." Schnell hüpfte die Erdbeere zum Bahnhof und setzte sich dort auf eine eiserne Bank und blickte nach unten. Sie sah eine Truhe mit einem Code unter der Bank, der „000" lautete. Daneben lag ein Zettel und darauf stand die nächste Zahl! Die Erdbeere stellte den Code auf „001". Die Zahl war richtig! Der Code öffnete die Truhe und heraus kam ein Kilogramm Gold. Fröhlich hüpfte die Erdbeere mit dem Gold nach Hause.

Ludwig Kulzer, Klasse 3d, Wilhelm-Arnoul-Schule

← Salmana Ali, Klasse 3d, Wilhelm-Arnoul-Schule

Marleen Revvas, Klasse 3d, Wilhelm-Arnoul-Schule

24

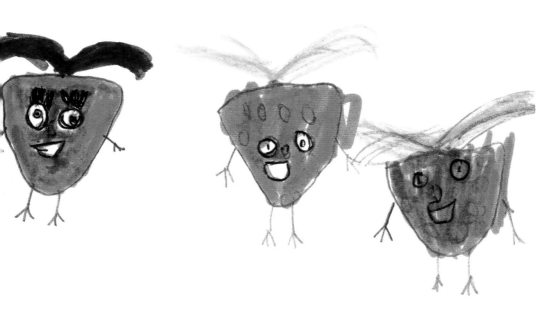

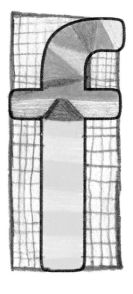

Fledermaus

Die Fledermaus

Janas Eltern nahmen Abschied von ihrer Tochter, denn sie wollten für sechs Wochen auf die Philippinen fliegen. Janas Oma passte auf sie auf. Als die Eltern weg waren, sagte Oma: „Wir können doch einmal zu euch auf den Dachboden gehen." „Ja, eine super Idee", antwortete Jana.

Also gingen sie hinauf und machten die Dachluke auf. Oma erzählte: „Wusstest du eigentlich, dass eine Legende besagt, dass vor langer Zeit fünf Dachböden verzaubert wurden? Einer davon ist eurer." Jana antwortete: „Das ist ja mega cool, Oma." Jana sah sich ein wenig um und sah eine Fledermaus. Plötzlich fing die Fledermaus an zu reden und sagte: „Hallo, ich heiße Claus und bin die Fledermaus." Jana war begeistert: „Wow, das reimt sich ja und du kannst reden." Claus antwortete: „Ja klar kann ich das!" Jana fragte: „Claus, können wir zusammen spielen?"

Claus: „Ja natürlich! Was denn?" Jana: „Hmm, vielleicht fangen?" Claus: „Ja, eine Superidee!" So ging der Tag zu Ende. Dann musste Jana schlafen gehen. Am nächsten Morgen war Claus nicht mehr da und Oma sagte: „Tadaa!"

Laura Correia Däubner, Klasse 3b, GS Erfelden

← Silas Kaiser, Klasse 3b, GS Erfelden

Gabriel Krieger, Klasse 3b, GS Erfelden

Gitarre

Die alte Gitarre

Tom war ein 31 Jahre alter Mann. Er hatte kein Zuhause und war arm. Ihm gehörte nur eine Gitarre mit unechten Augen. Er spielte immer mit ihr, um sich Münzen zu verdienen. Eines Tages kam ein Mann mit schönen Kleidern und fragte: „Willst du ein kleines Konzert geben? Ich finde, du spielst sehr gut." Tom war gerührt und sagte: „Natürlich, sehr gerne!" Ein paar Stunden später war Tom sehr aufgeregt, weil gleich das Konzert stattfinden sollte. Der Mann namens Mr. Reiter sagte zu Tom: „Du darfst dir eine Gitarre aussuchen!" Tom sah, was es für schöne Gitarren gab, aber er nahm seine Gitarre in die Hand und antwortete: „Ich nehme meine eigene Gitarre." Nun war es so weit. Tom trat auf die Bühne. Er spielte sein schönstes Lied und die Leute jubelten und schrien: „Toll! Toll!" Er schaute auf seine alte Gitarre und dachte für einen Moment, dass die aufgemalten Augen ihm zugezwinkert hätten. Von dem Tag an war Tom nicht mehr arm.

Colin Herrgen, Klasse 3a, Eichgrundschule

← Akram Ben Boutahar, Klasse 3a, Eichgrundschule

Enesa Hyseni, Klasse 3a, Eichgrundschule

Hubschrauber

Der kleine Hubschrauber

Der kleine Hubschrauber Leon flog gerade über Hamburg, als ihm plötzlich einfiel, dass er zu einem Geburtstag eingeladen war. Er raste los und kam endlich bei Holli an. „Leon, du kommst viel zu spät. Die Party hat schon längst angefangen", meckerte Holli. „Entschuldigung! Kann ich trotzdem reinkommen?", fragte Leon. „Na klar!", antwortete Holli. „Los, komm mit, es gibt viel zu sehen. Aber das Beste ist das Wettfliegen. Willst du mitmachen?", fragte Holli. „Okay", antwortete Leon. „Na, dann los an den Start. Auf die Plätze, fertig, looos!" Leon sauste los. Er flog und flog, dabei dachte er: „Die anderen überholen mich bestimmt noch." Aber im Gegenteil, er raste genau über die Ziellinie. Er bekam den Goldpokal und Holli holte die Silbermedaille. Sie spielten noch viele Spiele und erlebten viele Abenteuer.

Charlotte Malessa, Klasse 3b, Eichgrundschule

← Anna Unkrich, Klasse 3b, Eichgrundschule

Szymon Majchrowicz, Klasse 3b, Eichgrundschule

Ziel

Idee

Die Eselnationalmannschaft

Es war einmal ein Esel, der Ben hieß. Er wurde die ganze Zeit von den anderen Eseln geärgert. Da hatte er eine Idee. Er wollte in die Eselnationalmannschaft, weil er so gern Fußball spielte.
Als die anderen Esel das mitbekamen, wurden sie neidisch. Sie wollten auch in die Nationalmannschaft. Der Esel Ben wurde schnell ein Superstar. Eines Tages spielte er gegen die Nationalmannschaft von Österreich und schoss drei Tore. Der Trainer wollte, dass Ben nun bei der Weltmeisterschaft mitspielte.
Die deutsche Eselnationalmannschaft gewann, er war der Star und durfte den Pokal behalten. Als er nach Hause kam, feierte er mit den anderen Eseln eine große Party und seine Familie war sehr stolz auf ihn.

Lian Kabst, Klasse 3c, Grundschule Innenstadt Rüsselsheim

← Chih-Yun Chang, Klasse 3c, Grundschule Innenstadt Rüsselsheim

3

Vladimiros Chopsomdis, Klasse 3c, Grundschule Innenstadt Rüsselsheim

Jj

Jugendherberge

Die geheimnisvolle Jugendherberge

Es war einmal eine Klasse, die auf Klassenfahrt fuhr. Alle Kinder hatten ihre Koffer gepackt und standen abfahrbereit auf dem Schulhof. Sie warteten, bis die Klingel läutete. Dann durften die Kinder und die Lehrerin in den Bus einsteigen. Alle genossen die Fahrt, manche Kinder schauten aus dem Fenster, andere aßen oder spielten. Als sie ankamen, empfing sie eine nette Frau mit einem lauten „Herzlich willkommen in der Jugend herberge. Ich hoffe, ihr habt Spaß!" Anschließend beantwortete die Lehrerin noch all die neugierigen Fragen der Kinder. Am Abend konnte Lessi nicht einschlafen. Sie hörte Geräusche, die immer lauter wurden. Obwohl sie Angst hatte, ging sie nachsehen. Da sah sie einen Waschbären im Mülleimer! Lessi tastete sich langsam ran und konnte den Waschbären sogar streicheln. Endlich konnte sie beruhigt ins Bett gehen. Am nächsten Morgen erzählte sie alles ihren Freundinnen. Zusammen suchte die Klasse einen Namen für den Waschbären, der von diesem Tag an das Klassenmaskottchen war.

Sienna Kabst, Klasse 3a, Grundschule Innenstadt Rüsselsheim

← Joscha Emil Bastian, Klasse 3a, Grundschule Innenstadt Rüsselsheim

Meyra Cugali, Klasse 3a, Grundschule Innenstadt Rüsselsheim

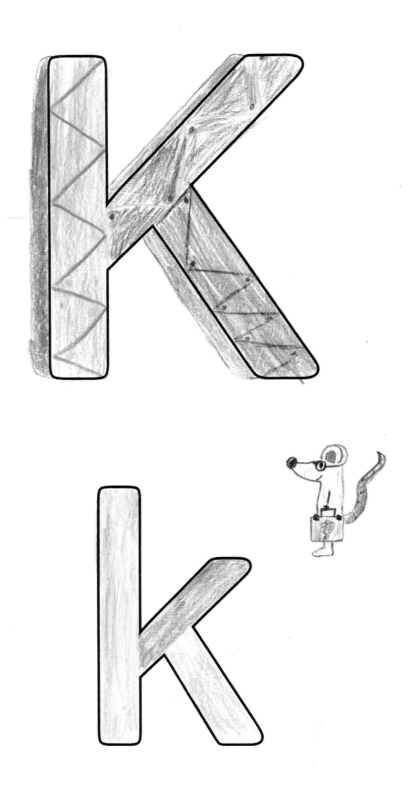

Koffer

Der Kofferdieb

An einem bewölkten Tag wollte der Millionär Louis Lau eine Reise nach Australien zu den Kängurus machen. Die Reise kostete ihn viel Geld, das er in seinen Koffer gepackt hatte. Den Koffer trug er immer bei sich. Leider gab es ein technisches Problem mit seinem Flugzeug, sodass er zwei Stunden warten musste. In der Zeit las er Zeitung. Plötzlich nahm ihm ein Dieb den Koffer weg. Louis bemerkte nichts, weil er ja Zeitung las. Als er endlich ins Flugzeug konnte, schaute er sich um und merkte, dass sein Koffer weg war. Was sollte er jetzt tun? Er rief die Polizei. Als die Polizei ankam, war sein Flugzeug allerdings schon weg. Louis dachte sich: „Hoffentlich hat der Dieb den Koffer nicht mit ins Flugzeug genommen." Louis suchte und suchte, aber fand den Dieb nicht. Nach einer Woche klingelte sein Telefon. Es war die Polizei. Sie sagte: „Wir haben den Dieb gefangen. Wir schicken dir ein Bild von ihm." Als das Bild ankam, schrie Louis laut: „Aber das ist ja mein Bruder Jonas!" Sofort fuhr er zur Polizei. Sein Bruder musste für drei Wochen ins Gefängnis, danach wurde er entlassen. Man hörte nie wieder etwas von ihm.

Pius Granacher, Klasse 3a, Insel-Kühkopf Schule Stockstadt

← Louis Lau, Klasse 3a, Insel-Kühkopf Schule Stockstadt

Helin Aybars, Klasse 3a, Insel-Kühkopf Schule Stockstadt

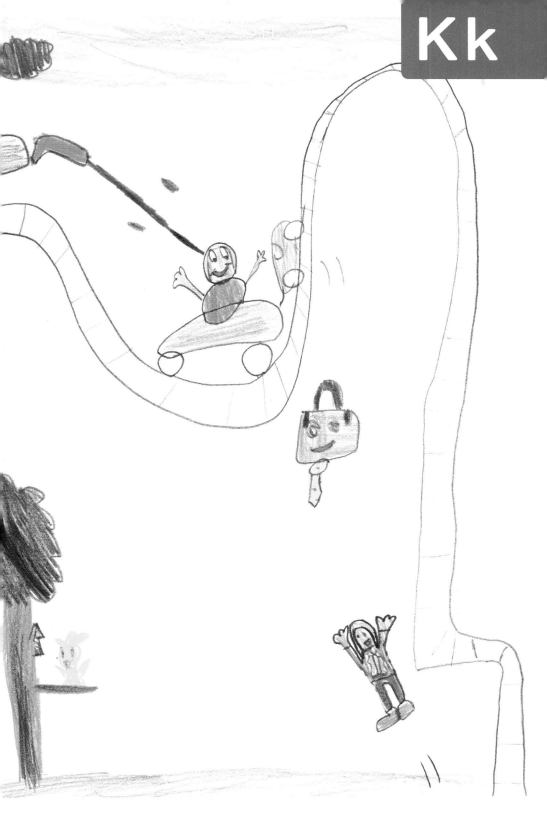

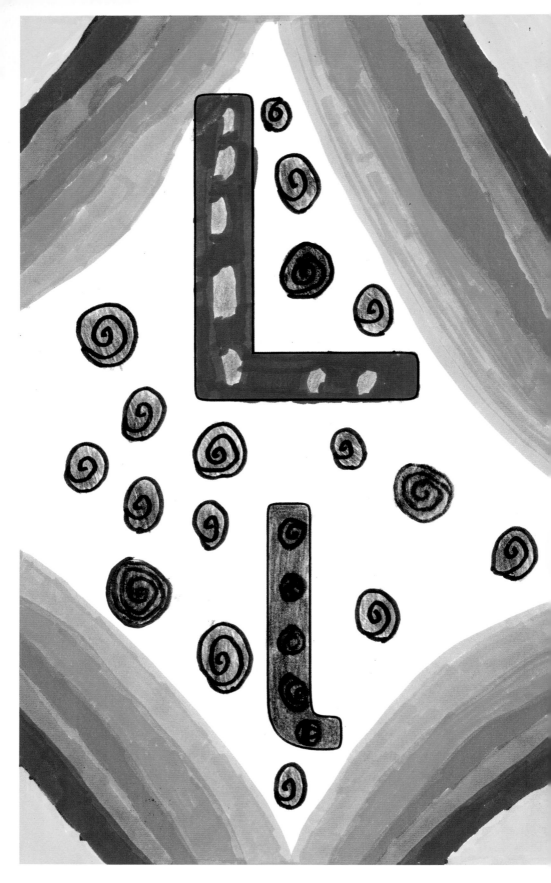

Lakritz

Die leckere Lakritze

Es war einmal Halloween und alle Kinder wollten Süßigkeiten haben. Zwei Lakritzfiguren konnten reden, weil sie an Halloween immer reden konnten. Ein Kind sah die Lakritzfiguren und wollte sie essen. Die Lakritzfiguren waren aber bunt und wenn sie sich versteckten, konnte man sie nicht mehr sehen, da sie sich in bunten Sachen versteckten.

Dann war das Kind weg und die Lakritzfiguren konnten wieder rauskommen. Eines der Lakritzfigurenjungen verliebte sich in ein Lakritzmädchen. Sie heirateten und bekamen sechs Kinder. Weil ihre Kinder aber so lecker waren, aßen sie ihre Kinder auf! Und wenn sie nicht gestorben sind, dann leben sie noch heute.

Maryam Abid, Klasse 3b, Erich-Kästner-Schule Büttelborn

← Melissa James, Klasse 3b, Erich-Kästner-Schule Büttelborn

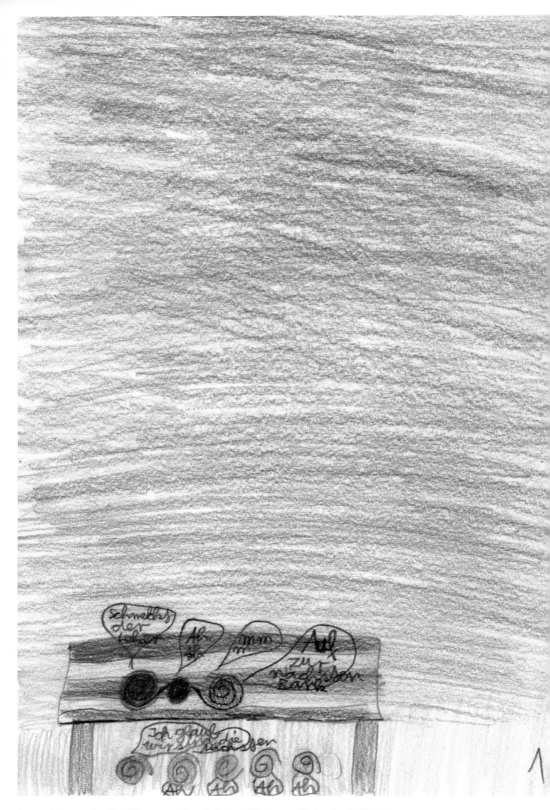

Lea Alberstadt, Klasse 3b, Erich-Kästner-Schule Büttelborn

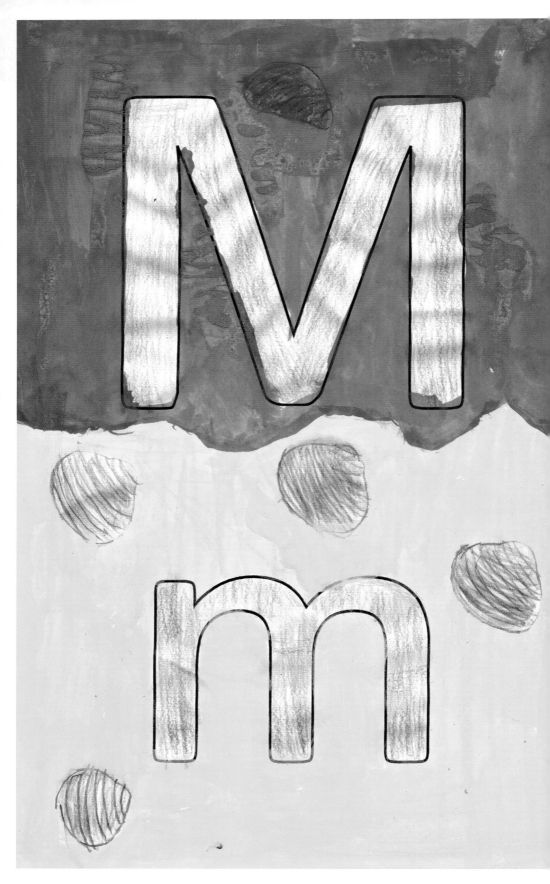

Muschel

Lisa und die Zaubermuschel

Lisa wachte auf. „Juhu! Heute ist der erste Sommerferientag! Und ich fahre nach Italien!" Um neun Uhr ging die Fahrt mit ihren Eltern im Auto los. Es dauerte sehr lange, bis sie endlich da waren. Im Hotel angekommen, ging Lisa sofort ins Bett und schlief auch gleich ein. Nach dem Frühstück am nächsten Morgen liefen Lisa und ihre Eltern zum Strand. Sofort rannte Lisa Richtung Wasser und tauchte auch gleich unter. Plötzlich sah sie etwas glitzern! Sie schwamm dem glitzernden Ding entgegen und nahm es in die Hand. Es war eine regenbogenfarbene Muschel. Staunend öffnete Lisa den Mund. Plötzlich merkte sie, dass sie unter Wasser atmen konnte. Wie war das möglich? Lisa öffnete die Muschel und erblickte eine schöne Perle. Ihr wurde klar, dass es die Perle war, die sie atmen ließ. Es war eine Zaubermuschel! Lisa behielt die Muschel mit der Perle und trug sie seit diesem Tag immer bei sich.

Alissa Schmaltz, Klasse 3b, GS Worfelden

← Mira Müller, Klasse 3b, GS Worfelden

Carolin Schöneberger, Klasse 3b, GS Worfelden

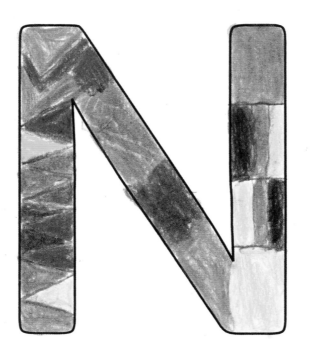

Nebel

Ausflug in den Wald

Ein kleiner Junge ging mit seiner Mutter im Wald spazieren. Plötzlich zogen Wolken und Nebel auf und die beiden konnten nichts mehr sehen. Die Mutter fand ihre Taschenlampe nicht, deshalb riefen sie um Hilfe. Plötzlich verschwand der kleine Junge, weil er seine Mutter nicht mehr sehen konnte. Er hatte große Angst und fing an zu weinen. Seine Mutter rief nach dem Jungen, doch es rief niemand zurück und sie geriet in Panik. Sie rannte weiter in den Wald und suchte. Als es Nacht wurde, kam sie an einer Hütte vorbei und fand dort einen Unterschlupf. Der kleine Junge aber lief immer weiter, bis er an einer Ruine vorbeikam. Auf einmal hörte er ein Geräusch und sah plötzlich einen Hund. Der kleine Junge freute sich, dass er nicht mehr alleine war. Am nächsten Tag kam plötzlich die Sonne heraus und die Mutter machte sich weiter auf den Weg durch den Wald. Die Mutter lief um einen Brombeerbusch herum und plötzlich sah sie die beiden in der Ruine. Sie war so glücklich! Sie liefen zum Auto und fuhren nach Hause. Der kleine Hund wohnte von da an bei ihnen.

Lucie Berger und Melina Molthan, Klasse 3b, Pestalozzischule Büttelborn

← Abu Reza Nabizada und Janis Müller, Klasse 3b, Pestalozzischule Büttelborn

Lucie Berger und Melina Molthan, Klasse 3b, Pestalozzischule Büttelborn

FROHES OSTEREIER
KNALLER!
OSTERN
FROHE OSTERN
OSTERN
FROHE OSTERN
STERE
OSTERN
SUCHEN

Osterei

Ein Wunder

„Endlich Osterferien", freut sich Emma. Als sie zu Hause ankommt, stürmt sie sofort in den Garten. Sie ruft ihrer Mama und ihrem Papa ein schnelles Hallo zu und ist schon im Garten verschwunden. Ihr müsst wissen, dass Emma Hühner sehr liebt. Sie sind wie Geschwister für sie. Morgen ist ja schon Ostern und da sollen die Küken schlüpfen! Emma hat auch ein Lieblingshuhn und das heißt Klara. Klara ist immer für sie da. Sie soll morgen auch Küken bekommen. Aber jetzt muss Emma erst einmal schlafen. Kikeriki, kikeriki! „Och nö, dieser blöde Hahn", denkt sich Emma. Es ist endlich Ostern. Schnell eilt sie die Treppe herunter und zieht sich an. Dann schlüpft sie in ihre Schuhe und putzt sich auf dem Weg in den Garten noch ihre Zähne. Auf einmal sieht sie etwas huschen. Es hat Beine wie ein Huhn und ist rund. Emma geht näher heran. Sie sieht ein Osterei mit zwei Kükenbeinen und nimmt das Küken auf den Arm. Dann hilft Emma dem Küken aus dem Ei. Seit diesem Tag haben sie ein neues Familienmitglied und Emma und das Küken werden gute Freunde.

Alberta Mezi, Mira Warnecke und Pauline Letizia Werner, Klasse 3a, Pestalozzischule Büttelborn

← Benjamin Steffens, Klasse 3a, Pestalozzischule Büttelborn

Alberta Mezi, Mira Warnecke und Pauline Letizia Werner, Klasse 3a,
Pestalozzischule Büttelborn

Polizei

Eine Frau klaut einen Ring

Eine Frau wollte sich in der Goldschmiede Ohrlöcher stechen lassen. Als der Goldschmied das Gerät für die Ohrlöcher holte, schlich die Frau ans Schaufenster und klaute einen 2.000 Euro teuren Ring. Blöderweise bezahlte sie für das Ohrlöcherstechen aber mit ihrer Karte! Die Polizei konnte die Diebin auf der Überwachungskamera sehen und durch die Kartenzahlung herausfinden, wie die Frau hieß und wo sie wohnte. Sie verfolgten sie dann. Die Frau bekam ihre Ohrlöcher, aber zusammen mit einem Paar Handschellen.

Luca Gündogan, Klasse 3d, Wilhelm-Arnoul-Schule

← Samantha Leuchter, Klasse 3d, Wilhelm-Arnoul-Schule

Moritz Hartl, Klasse 3d, Wilhelm-Arnoul-Schule

Quatsch

Die zwei Quatschköpfe

Es war April. Tom und Alf freuten sich. Alf schrie laut: „Juhu, endlich ist der 1. April!" Tom fragte: „Welche Streiche machen wir heute?" Alf antwortete: „Am besten überschwemmen wir mit Shampoo die Schule."

„Super Idee, Alf", antwortete Tom.

Die beiden gingen ins Gebüsch und holten Shampoo, welches sie aufgehoben und versteckt hatten. Alf schlug vor: „Am besten teilen wir uns auf."

„Okay", antwortete Tom.

Alf füllte zuerst ein Waschbecken auf und drehte anschließend noch alle Wasserhähne auf. Tom füllte heimlich ein Lehrerzimmer. Es dauerte eine halbe Stunde, bis sich das Shampoo verteilt hatte. Alle Lehrer und Lehrerinnen schauten ratlos die Schule an. Überall war Schaum! Alf sagte: „Das war der beste Streich aller Zeiten." Tom stimmte ihm zu. Die beiden gaben sich einen Check!

Maxim Neuschwander, Klasse 3b, GS Erfelden

← Tialda Grahl, Klasse 3b, GS Erfelden

Danio Colella, Klasse 3b, GS Erfelden

Qq

73

Regenschirm

Der magische Regenschirm

Es war einmal ein Regenschirm. Dieser Regenschirm war kein ganz normaler Schirm. Er war ein magischer Regenschirm und gehörte einem Mann namens Mr. Michael. In der Nacht flog der Regenschirm in der Gegend herum und keiner bemerkte es. Eines Tagen machte sich Mr. Michael mitten in der stürmischen Nacht mit seinem Regenschirm auf den Weg zu einem Schloss. Er hatte einen langen Weg vor sich. Plötzlich flog er mit seinem Regenschirm hoch und sang: „Ich heb ab, nichts hält mich am Boden!" Ganz laut und glücklich sang er immer wieder, sodass viele Menschen wach wurden. Als sie Mr. Michael mit seinem Regenschirm durch die Luft fliegen sahen, dachten alle, das wäre Superman!

Anas El Hallaoui, Klasse 3a, Eichgrundschule

← Valeria Denhard, Klasse 3a, Eichgrundschule

Maria Stirou, Klasse 3a, Eichgrundschule

Schnecke

Die Schnecke Molli und ihre Freundinnen

Am Morgen ging die kleine Schnecke Molli mit ihrer Mama Blätter sammeln. Die kleine Molli fragte: „Mama, kann ich mich mit meinen Freundinnen treffen?" Die Mutter antwortete: „Ja, du kannst zu deinen Freundinnen gehen." Also ging Molli zu ihren Freundinnen. „Hallo!" Laura antwortete zurück: „Hey, wo ist Emma?"
„Ich weiß es nicht. Komm, wir suchen sie." Plötzlich hörten sie ein lautes Stampfen. „Was war das?", fragte Molli. Laura antwortete ängstlich: „Ich weiß es nicht. Komm, wir verstecken uns!" Auf einmal hörten sie eine Stimme. „Was war das?", fragte Molli. „Das waren Kühe", antwortete Laura. Mollis Mutter suchte Laura und Molli, aber die beiden waren zu weit entfernt. Da kam eine Schnecke und rief: „Hallo! Ich bin Marie. Ich bin neu hier." Molli rief: „Hallo, das ist Laura und ich bin Molli. Wir suchen unsere Freundin."
„Ich habe keine Freunde, weil ich neu bin", klagte Marie. „Du kannst unsere Freundin sein. Komm, wir suchen Emma", sagte Molli. Aber Emma war direkt hinter ihnen. Und so wurden sie Freundinnen.

Roumaissa Ramdani, Klasse 3b, Eichgrundschule

← Lily Janthur, Klasse 3b, Eichgrundschule

Leo Becker, Klasse 3b, Eichgrundschule

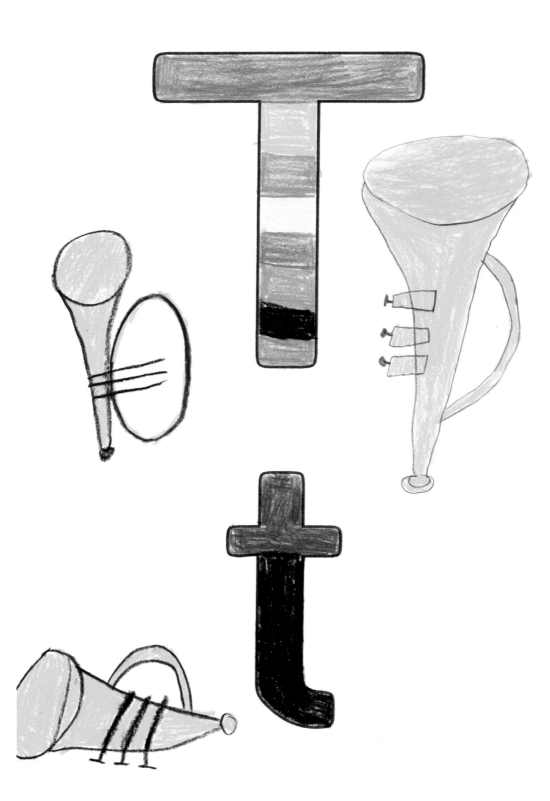

Trompete

Die Trompete ist weg

Heute habe ich einen Auftritt bei einem Konzert.
Ich bin schon aufgeregt und muss mich langsam
vorbereiten. Zuerst muss ich etwas essen, sonst
kann ich nicht gut üben. Als ich nach dem Essen in
mein Zimmer komme und üben will, ist die
Trompete weg. Oh je, was mache ich jetzt? „Mama,
Mama, meine Trompete ist weg!", rufe ich.
Wir suchen mein Zimmer und das ganze Haus ab,
aber finden sie nicht. Ich bin sehr traurig. Wie soll
ich ohne Trompete spielen?
Da kommen mein Papa und meine Schwester mit
der Trompete in der Hand. Papa sagt: „Deine
Schwester hat die Trompete unter ihrem Bett
versteckt." Sie entschuldigt sich und wir lachen
alle. „Jetzt musst du aber noch schnell etwas
üben", sagt Mama, „wir müssen bald los."
Nach meinem Auftritt im Konzert bekomme ich viel
Applaus. Ich bin glücklich!

Paraskevi Mathelis, Klasse 3c, Grundschule Innenstadt
Rüsselsheim

← Vladimiros Chapsomdis, Klasse 3c, Grundschule Innenstadt
Rüsselsheim

Kai Wen Lee, Klasse 3c, Grundschule Innenstadt Rüsselsheim

Umzug

Überraschung beim Umzug

Lili zog nach Neustadt. Bis dahin hatte Lili in Frankfurt gewohnt. Sie packte mit an und half ihren Eltern, die vielen Kartons ins Auto und in den Lkw zu tragen. Als sie einen Karton ins Auto trug, hörte sie ein Rascheln aus einer Kiste in einer dunklen Ecke. Lili beschloss nachzusehen, was da raschelte. Als sie näher kam, rumpelte die Kiste immer lauter und hektischer. Sie hob die Kiste aus dem Karton heraus. Zum Vorschein kam eine kleine, wuschelige Kugel mit Beinen und Armen, die es sich unter der Kiste bequem gemacht hatte. Jetzt begann die Kugel zu sprechen! Sie sagte: „Ich bin Wuschel. Als ich mit meinem Ufo abgestürzt bin, dachte ich, ich könnte hier in der dunklen Kiste schlafen. Entschuldige, ich suche mir dann mal einen anderen Schlafplatz!" Lili erschreckte kurz, aber dann sagte sie: „Ich könnte dich mit nach Neustadt nehmen, da habe ich ein Geheimversteck unter meinem großen Bett." So kam es, dass Lili Wuschel mit nach Neustadt nahm. Die kleine Kugel richtete sich unter Lilis Bett ein und wurde Lilis erster Freund in der neuen Stadt. Kurze Zeit später musste Wuschel wieder die Heimreise antreten. Er versprach Lili aber, sie ganz bald zu besuchen.

Felizitas Staubach, Klasse 3a, Grundschule Innenstadt Rüsselsheim

← Ceyonce Garcia Trimpin, Klasse 3a, Grundschule Innenstadt Rüsselsheim

Nihad Karroum El Messoudi, Klasse 3a, Grundschule Innenstadt Rüsselsheim

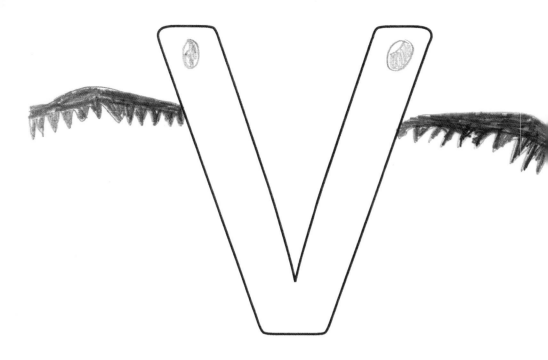

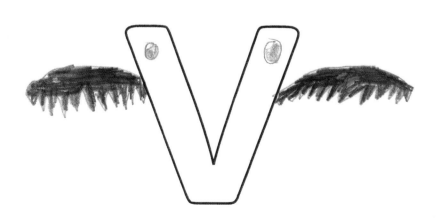

Vampir

Das Versprechen

In einer kühlen Nacht in der Vampirstadt trafen sich zwei Vampirschwestern. Die eine hieß Hanni und die andere Fanni. Die beiden waren Vampirkinder und erst 112 Jahre alt. Sie stritten sich so gut wie nie und hatten die gleichen Freunde. Als sie sich in der Stadt trafen, weinte Fanni. Ihre Schwester tröstete sie und fragte: „Was ist denn los, Fanni?" Fanni antwortete mit leiser Stimme: „Ich habe dich angelogen." Die beiden hatten sich noch nie angelogen. Hanni machte große Augen und fragte: „Wieso hast du das getan?" Fanni sagte mit weinender Stimme: „In der Vampirschule haben wir ja die Mathearbeit geschrieben." Hanni sagte ahnungslos: „Ja, und? Du hattest doch eine gute Note?!" Fanni erklärte Hanni: „Ich habe dich angelogen. Ich hatte eine schlechte Note." Hanni tröstete ihre Schwester: „Ich hab dich doch trotzdem lieb, auch wenn du eine schlechte Note schreibst." Sie umarmten sich und versprachen, dass sie sich nie wieder anlügen würden. Seitdem lebte die ganze Familie glücklich zusammen und keiner log jemals mehr.

Mia Tome, Klasse 3a, Insel-Kühkopf Schule Stockstadt

← Jayden Stallone, Klasse 3a, Insel-Kühkopf Schule Stockstadt

Daniel Dick, Klasse 3a, Insel-Kühkopf Schule Stockstadt

Wald

Die Jagd im Wald

Jana war eine Wildtierschützerin, aber ihr Opa Jon
war ein Jäger. Jeden Tag hörte sie Schüsse aus
dem Wald. Einmal jagte Jon einen Fuchs mit
Jungen. Er brachte jeden Tag irgendein Tier mit
nach Hause. Das fand Jana sehr schlimm. Als sie
20 Jahre alt war, fand sie ein Fuchsjunges. Sie
nahm es mit nach Hause. Sie päppelte es auf und
ging jeden Tag mit Mausi, dem Fuchs, in den Wald.
Und wenn sie nicht gestorben sind, leben sie noch
heute.

Lea Berger, Klasse 3b, Erich-Kästner-Schule
Büttelborn

← Fabian Beg, Klasse 3b, Erich-Kästner-Schule Büttelborn

Lea Berger, Klasse 3b, Erich-Kästner-Schule Büttelborn

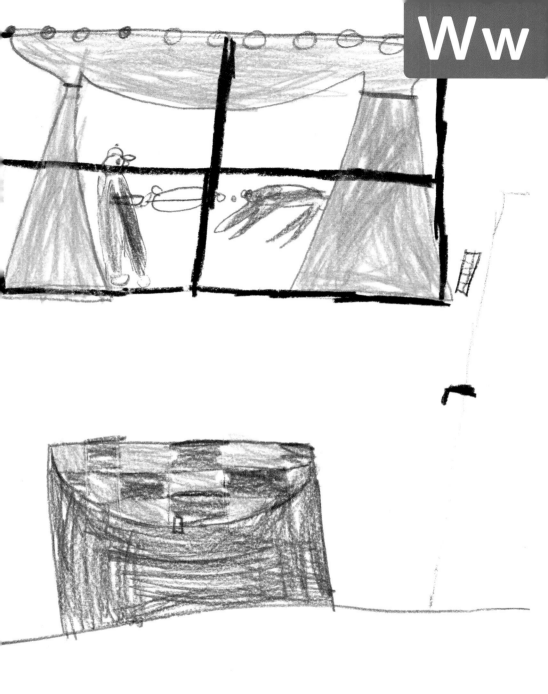

Ww

97

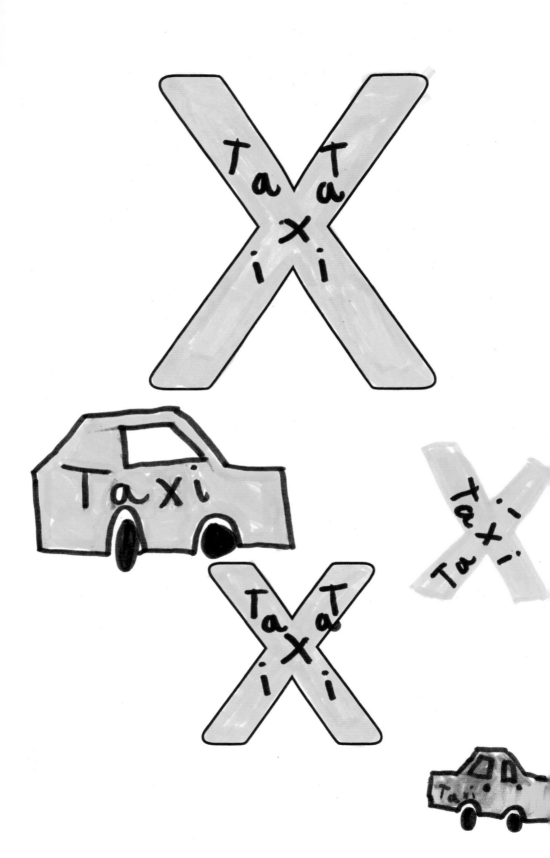

Taxi

Das Taxiproblem

Am Sonntagmorgen in den Sommerferien packte Lina ihre Sachen, denn sie wollte mit ihrem Freund Alex nach Ägypten fliegen. Sie packten und packten. Endlich war es so weit, es war 12 Uhr! Jetzt sollte doch eigentlich jeden Moment das Taxi auftauchen. Sie mussten ja irgendwie zum Flughafen kommen. Doch es erschien nicht. Inzwischen war es schon 12 Uhr 30. Nervös blickten sie auf die Uhr. Das Taxi war immer noch nicht da. Aufgeregt riefen sie den Taxifahrer an. Er meinte nur: „Ich stand im Stau. Gleich bin ich da." Und da kam es schon um die Ecke gesaust und Lina und Alex konnten beruhigt nach Ägypten fliegen.

Marie Weber, Klasse 3b, GS Worfelden

← Emilia Nowak, Klasse 3b, GS Worfelden

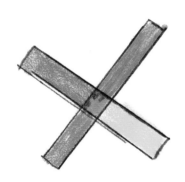

Bjarne Diehl, Klasse 3b, GS Worfelden

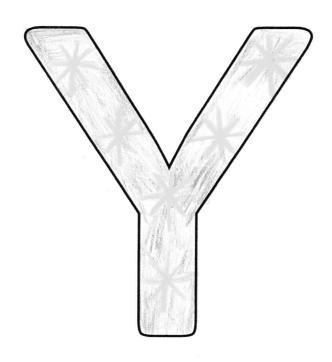

Yak

Ein Yak erlebt ein Abenteuer

Hallo, ich bin Yuri, das Yak. ich komme aus Asien und wurde nach Deutschland gebracht. Eines Tages bin ich aus dem Zoo ausgebrochen. Als ich Hunger bekam, fragte ich einen Mann nach Geld. Er gab mir Geld und ich kaufte ich mir ein Eis. Danach ging ich weiter und sah ein Schwimmbad. Mit der Karte des Mannes hob ich Geld ab, ging ins Schwimmbad und schwamm durchs Becken. Plötzlich sprangen alle Leute aus dem Wasser. Ich wusste nicht, warum. Dann ging ich zum Sprungturm und sprang vom Fünfmeterturm. Es gab eine riesige Wasserfontäne!
Am nächsten Morgen fuhr ich zum Bahnhof, dort holte ich mir eine Zugfahrkarte. Mit dem Zug fuhr ich zum Flughafen. Dort ging ich in eine große Halle und ließ meinen Koffer kontrollieren. Danach musste ich lange warten, bis ich endlich ins Flugzeug steigen konnte. Im Flugzeug fand ich einen Sitzplatz. Mit dem Flugzeug flog ich nach Asien. Dort fand ich meine Freunde und Verwandten wieder. Ich erzählte ihnen von meinem Abenteuer in Deutschland.

Vincent Weller und Jonathan Steffens, Klasse 3b, Pestalozzischule Büttelborn

← Kosta Mexidis, Klasse 3b, Pestalozzischule Büttelborn

Vincent Weller und Jonathan Steffens, Klasse 3b, Pestalozzischule Büttelborn

Zirkus

Der Zirkus

Heute Abend beginnt der größte Zirkus der Welt.
Gleich fängt die große Show an.
Zehn Clowns sitzen in einem kleinen Auto.
Zwei Pferde stehen in der Manege und balancieren
auf der Spitze ihrer Nasen einen Ball.
Zwei Akrobaten fahren Fahrrad auf einem sehr
dünnen Seil.
Zwei Tiger springen durch einen brennenden Ring.
Ein Löwe und eine Löwin schaukeln herum.
Zwanzig Elefanten jonglieren mit fünf Bällen.
Ein Zauberer holt aus seinem Hut zwei Papageien
hervor.
Hundert Hasen sitzen auf einem kleinen Ball.
Alle kommen und verbeugen sich. Dann tanzen alle
Disko.

Amy Eisner, Sophie Perrando Betancourth und Zoe Malone,
Klasse 3a, Pestalozzischule Büttelborn

← Nina Jäger, Matilda Schäfer und Marie Klink, Klasse 3a,
Pestalozzischule Büttelborn

Amy Eisner, Sophie Perrando Betancourth und Zoe Malone, Klasse 3a,
Pestalozzischule Büttelborn

de

Dies sind die Namen von allen Kindern, die Bilder gemalt und Geschichten geschrieben haben:

Mohamed Abdellaoui · Maryam Abid · Ieva Acute · Afshan Ahmad · Danial Ahmed · Faris Ahmed · Soundos Ait Laskri · Anissa Akil · Achin Albayrak · Lea Alberstadt · Ioannis Luan Alexandridis · Salmana Ali · Sara Alsokar · Lejan Atasever · Helin Aybars · Elias Ayboga · Nehman Azimian · Jasmin Baier · Joscha Emil Bastian · Leo Becker · Fabian Beg · Ben Behrens · Akram Ben Boutahar · Lea Berger · Lucie Berger · Seren Beseren · Lorin Bilgin · Bouchra Bouzarioh · Mustafa Bozbeyli · Jan Briski · Fabian Brunner · Maximilian Büchsel · Paul Emil Bunte · Arez Qaiser Butt · Gabriel Capone · Angelina Chagoya · Lamar Chami · Chih-Yun Chang · Vladimiros Chopsomdis · Dennis Christ · Danio Colella · Laura Correia Däubner · Meyra Cugali · Colette Dammig · Samuel David · Fabian Del Rio Menzel · Valeria Denhard · Leon Derenbach · Anita Desimirova · Daniel Dick · Bjarne Diehl · Bojan Dzigurski · Jana Ehrenfels · Amy Eisner · Jolina Eißner · Anas El Hallaoui · Nihad Karroum El Messoudi · Tarek El Sobky · Yasin Erol · Noelia Fernandez Casas · Mahdi Ghandour · Dominik Ferenc Gondi · Tialda Grahl · Pius Granacher · Laurens Uwe Reinald Grube · Luca Gündogan · Jannes Haferanke · Elias Hammer · Tamara Hamprecht · Moritz Hartl · Rahma Hasbat · Sammer Hayat · Oliver Heil · Colin Niklas Herrgen · Max Hildebrand · Singh Hoos · Enesa Hyseni · Maria Illiopoulou · Hüseyin Imrag · Nina Jäger · Melissa James · Noirra Jenice Janarthanan · Lily Janthur · Johanna Jorde · Anna Junghans · Lian Kabst · Sienna Chiara Kabst · Basem Kahloon · Shmail Kahloon · Silas Kaiser · Muhammet Kalkan · Deniz Karahan · Helin Karasu · Rengein Hasret Karatas · Elif Kaydi · Diego Keck · Sophie Keresi · Simon Kerling · Lavin Keskin · Cara Kinzel · Marie Klink · Dominic Knop · Davina Kyla Köder · Lucas Pascal König · Elizan Beyza Korkut · Luka Korsch · Niko Kovac · Max Kovacs Sötet · Vanessa Madeleine Kraus · Maurice Krause · Ida Kresnicka · Gabriel Krieger · Ludwig Kulzer · Maxima Küster · Ginevra La Rocca · Louis Lau · Kai Wen Lee · Jonas Leim · Lennox Lengert · Samantha Leuchter · Elia Ludwig · Lukas van de Maat · Gabriel Magi'c · Sophie Mai · Szymon Majchrowicz · Olek Makowczynski · Charlotte Malessa · Zoe Malone · Gergana Marinova · Jarne Lennart Märten · Paraskevi Mathelis · Leana Maul · Mlaika Mazhar · Ido Mehl · Kosta Mexidis · Alberta Mezi · Alejandro Mina · Ruaa Moazen · Melina Molthan · Tuana Mpounartzi · Dilara Mugan · Jannis Müller · Jonathan Müller · Mira Larissa Müller · Philipp Müller · Gökce Murat · Jason Musciagna · Mathylda Mzyk · Abu Reza Nabizada · Zakaria Nasaan · Sohal

Nawabi · Mathis Nchankou Mouansie · Nina Neumann · Maxim Neuschwander · Emilia Tabea Nowak · Marcel Östreicher · Torben Benedikt Passler · Fynn Pauwels · Rouven Perez-Gonzalez · Sophie Perrando Betancourth · André Peter · Lennart Petri · Meryem-Zeliha Polat · Roko Poljak · Mara Porz · Chelsy Radzom · Kirpa Rai · Roumaissa Ramdani · Salik Rehmat · Marleen Revvas · Leonard Riecke · Alena Ries · Mika Manuel Röttel · Oliver Russman · Hümera Tuana Sahin · Yousra Salhi · Vincent Sarikaya · Matilda Schäfer · Ben Schaffner · Alissa Schmaltz · Christina Schmidt · Carolin Schöneberger · Felix Schreiber · Bennet Schrod · Nicolas Schuch · Justin Scorzo · Elias Mohamed Sebbagh · Lena Sievers · Ouiam Siraji · Alexia Skiadopoulou · Karolina Skillandat · Lara Speckhardt · Emma Spielberg · Jayden Stallone · Felizitas Valentina Staubach · Benjamin Steffens · Jonathan Steffens · Maria Stirou · Osama Tarash · Elif Tokmak · Mia Tome · Ceyonce Garcia Trimpin · Stavros Tsafkopoulos · Aslihan Azime Ünal · Anna Unkrich · Louisa Marie Vatter · Peter Veit · Björn Volman · Simela Voriazidou · Kimon Vrassidis · Lara Wagner · Rosi Walleczek · Azka Waraich · Mira Warnecke · Marie Weber · Lenny Wegrzynowicz · Luise Weller · Vincent Weller · Pauline Letizia Werner · Sandrine Wilfert · Seline Wilfert · Luisa Wüst · Elias Yabanci · Raazia Yasin · Dilara Yilmaz · Soha Zafer · Leonid Zaijc · Julian Zimmermann

Vielen Dank!

Vielen Dank! Das von den Herausgebern ehrenamtlich durchgeführte Projekt ‚Das erste Buch' wurde gefördert von:

Carl Ed. Schünemann KG

Uzuner Consulting GmbH

planetmutlu

Bundesverband mittelständische Wirtschaft e.V.

ENTEGA Stiftung

IBONIC GmbH

Logiline Frankfurt GmbH

SAM Xlation GmbH

Sparkassen-Stiftung Groß-Gerau

IBONIC

 SAM Xlation GmbH